Kurt Grobecker

Helgoland

Bildreportagen aus dem vergangenen Jahrhundert

Hoffmann und Campe

»Die verwendeten Xylographien wurden der
in Leipzig erschienenen ›Illustrirten Zeitung‹
der Jahrgänge 1844 bis 1880 entnommen.«

Helgoland: Bildreportagen
aus d. vergangenen Jh. /
Kurt Grobecker. – 1. Aufl. – Hamburg:
Hoffmann und Campe, 1979.
ISBN 3-455-08896-1
NE: Grobecker, Kurt [Hrsg.]

Satzherstellung Alfred Utesch GmbH,
Hamburg
Lithographieherstellung Norddeutsche
Reproduktionsanstalt, Hamburg
Druck und Bindearbeiten Bercker, Kevelaer
Printed in Germany

Wenn von den nordischen Meeren die Stürme fortgezogen, und wenn die rastlos gejagten Wogen ihre schäumende Stirn glätten, dann sei die rechte Jahreszeit für eine Seefahrt nach Helgoland gekommen, behauptete ein Schriftsteller vor 120 Jahren.
Auch Zeitungsreporter, die damals nicht weniger gefühlvoll formulierten, machten sich dann zusammen mit ihren Zeichnern auf die Reise, um das Inselvolk und die Touristen auf Helgoland zu beobachten. Was ihnen zwischen »Lästerallee« und Leuchtturm, zwischen Flirt und Felsenkante, zwischen Badedüne und Ballhaus berichtenswert erschien, gibt uns ein lebendiges Bild von den Badefreuden und dem gesellschaftlichen Leben zur Zeit unserer Urgroßeltern. K. G

»Helgoland in Sicht«

Bilder von der Niederelbischen Eisenbahn

1. *Schloß Ritzebüttel*
2. *Hafen von Cuxhaven*
3. *Leuchtturm Cuxhaven*
4. *Kugelbake*
5. *Turm von Neuwerk*
6. *Dobrok*
7. *Kirche von Altenbruch*
8. *Galgenberg*
9. *Kirchhof von Horneburg*
10. *Haidenkirchhof*
11. *Otterndorf*
12. *Balksee*
13. *Marschhof in Hadeln*
14. *Kirchplatz von Jork*
15. *Idylle an der Lühe*
16. *Altes Land*
17. *Buxtehude*
18. *Bremervörder Moor*
19. *Fischerdorf Duhnen*
20. *Eisenbahn zwischen Marsch und Geest*
21. *Ansicht von Stade*

Eine Seereise nach Helgoland, so urteilte der Hamburger Senioren-Konvent gegen Ende des vergangenen Jahrhunderts, bereite nicht seefesten Passagieren mehr Unlust als Lust. Wer sich das Vergnügen einer Helgolandfahrt einmal bei rauher See geleistet hat und sich gar noch von einem Herbststurm überraschen ließ, kann die »Unlust« eines solchen Abenteuers bestätigen. Vielleicht war dies für den Reiseschriftsteller einer Illustrierten der Grund, seinen Lesern wenigstens einen Teil der Schiffsreise zu ersparen und ihnen von Harburg aus die Fahrt mit der niederelbischen Bahn recht schmackhaft zu machen: »Es sind hauptsächlich drei Factoren, welche zusammenwirken, um etwas ganz apartes zu bieten; erstlich empfindet man allenthalben die Nähe der Gewaltigen – der See, allenthalben im Charakter von Natur und Mensch ahnt man ihr Dasein; zweitens ist es jene theils tiefernste stimmungsvolle, theils überaus liebliche und reizvolle Landschaft mit ihrem in allem und jedem von derjenigen des Binnenlandes abweichenden Charakter; endlich drittens die ländliche Idylle des Bauernhofes; nur daß kein deutsches Gebiet sich in Bezug auf die Schönheit und den Reiz des Bauerngehöftes mit dem niederdeutschen messen kann, denn hier tritt zur reizendsten Idylle noch ein anderes, eine ernste Großartigkeit von oft fast vorgeschichtlicher Färbung.«

Cuxhaven ist das »Sprungbrett« von der Küste zur Insel Helgoland. Für den Seereisenden, der in Hamburg an Bord geht, ist Cuxhaven die letzte Chance, das Schiff nach einem skeptischen Blick auf den Himmel über der Nordsee schnell zu verlassen und sich die Sache lieber noch einmal zu überlegen.
Wer sich in den achtziger Jahren für diese Möglichkeit entschied, fand Cuxhaven bereits auf dem touristischen Rückzug; denn andere Bäder hatten dem Hafen in der Elbmündung – der sich rühmen durfte, Deutschlands erstes Seebad gewesen zu sein – den Rang abgelaufen. Erst gegen Ende des Jahrhunderts holte Cuxhaven wieder etwas auf. Ein Chronist glaubte, den Grund dafür gefunden zu haben:
»Das Seebad Cuxhafen hat zwar nicht die Nordseewelle im großen Stil aufzuweisen, ist sonst aber ein durchaus kräftiges. Wer daher an die See geht, um außer dem Seebade auch einmal das eigentliche Seeleben aus dem Vollen zu genießen, der darf nicht nach den Inseln oder andern Seebädern gehen, wo er nur ein paar Fischerewer oder den Postdampfer zu sehen bekommt, sondern der muß Cuxhafen besuchen, wo er alles, was zum Seeleben und Seeverkehr im großen und im kleinen gehört, im reichsten Maße genießen kann wie an keinem andern Punkte der deutschen Küste. Der ganze gewaltige Verkehr der Elbemündung zieht an ihm vorüber, und zwar, der gegenüberliegenden Untiefe wegen so dicht, daß man jede Einzelheit am Schiffe unterscheiden kann, alle Arten Segelschiffe und Dampfer aller Nationen kommen an und gehen in See, Kriegschiffe erscheinen auf der Rhede, und zwischendurch segeln in reicher Zahl die malerischen Fischerewer in den Hafen.«
Als der Zeichner der in Leipzig erscheinenden Illustrirten Zeitung seine Staffelei im Mai 1864 am Cuxhavener Leuchtturm aufbaute, bot sich ihm eine imposante Kulisse: auf der Reede waren die Schiffe des österreichisch-preußischen Geschwaders vor Anker gegangen, das gerade sein zweites Gefecht im deutsch-dänischen Krieg bestanden hatte. Die Begegnung mit drei dänischen Fregatten hatte bei Helgoland stattgefunden, und der Bericht des Kommandanten bescheinigte seiner Mannschaft, sie habe »die untrüglichsten Beweise von Muth und Kaltblüthigkeit an den Tag gelegt«.

Der Sonntagsstaat für die Strandpromenade wurde sorgfältig ausgewählt

Die Reede von Cuxhaven mit österreichisch-preußischem Geschwader

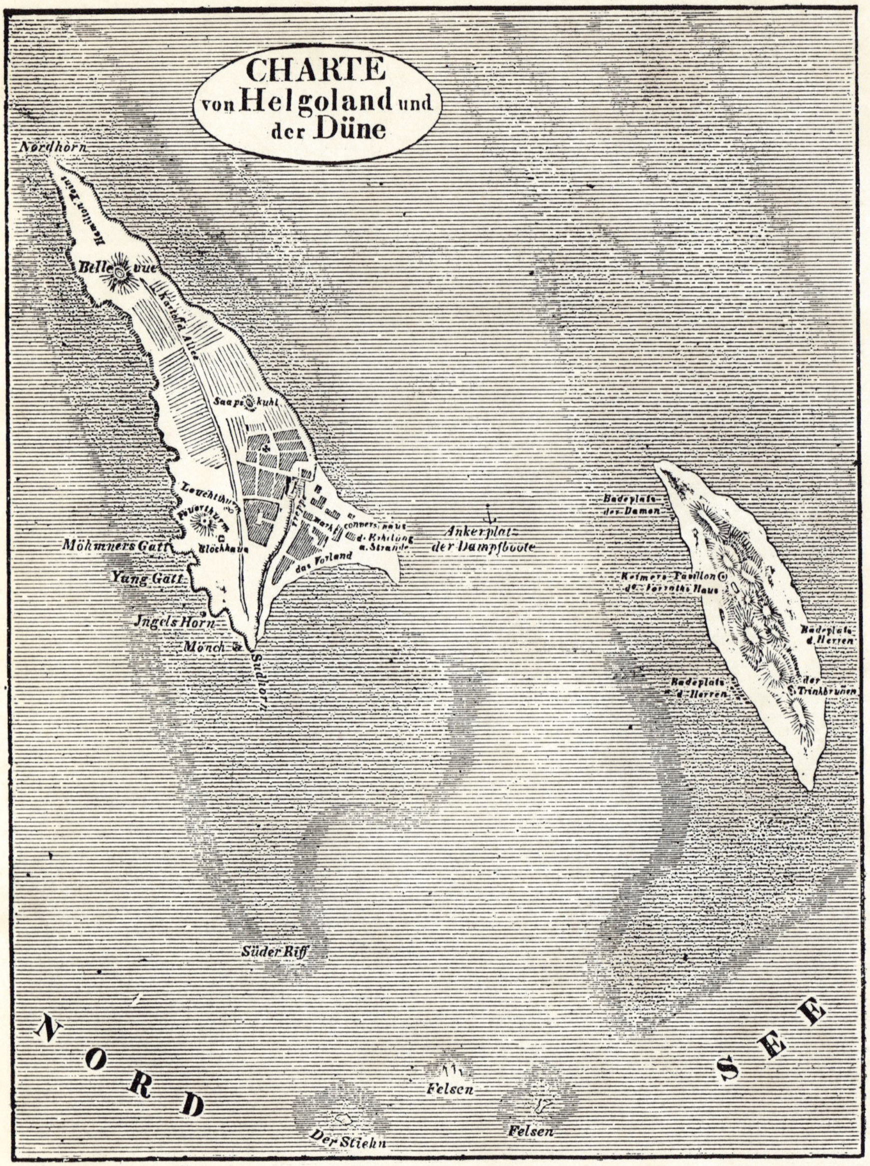

Karte von Helgoland und seiner Düne

Helgoland-Reisenden, denen die Lage der Insel nicht geläufig war, sollte die »Charte« auf die Sprünge helfen. Und wer gar ein wenig von Navigation verstand, dem wurde verraten, daß sich die senkrecht aufsteigenden Felswände ungefähr acht deutsche Meilen von der Mündung der Elbe (nach heutiger Rechnung etwa 45 Kilometer) unter dem 54. Grad elfeinhalb Minuten nördlicher Breite und unter dem 25. Grad 34 Minuten östlicher Länge aus den Fluten der Nordsee erheben. Dem an den Geheimnissen der Seefahrt weniger Interessierten genügte die Feststellung, der größte Teil des Plateaus sei in kleine Felder und Wiesen eingeteilt. »Auf erstere pflanzen die Einwohner Jahr aus Jahr ein Kartoffeln, oder sie säen Hafer oder Gerste darauf, welche vortrefflich gedeihen, auf den Wiesen ernten sie Heu und Grummet oder weiden ihre Schafe. Im Allgemeinen kann man die Vegetation auf Helgoland wegen der steten Ausdünstung des Seewassers üppig nennen; denn das Grün der Pflanzen zeichnet sich durch etwas Glänzendes, Frisches, die Blüthen durch ein ungewöhnlich lebhaftes Colorit und durch eine reichlichere Verbreitung ihres eigenthümlichen Geruchs aus.«

»Ausgebootet« zum letzten Teil der Reise

Wer nicht durch die Seekrankheit aller Seh- und Genußfähigkeit beraubt sei, so schwärmte unser urgroßväterlicher Reiseführer, der empfange vom ersten Eindruck Helgolands einen Eindruck fürs Leben. Während nämlich die deutsche und holländische Nordseeküste »mit äußerster Flachheit ins Meer« verlaufe, erhebe sich der Felsen von Helgoland als einzige Ausnahme an diesen weiten Küsten in senkrecht emporsteigenden Wänden und Zakken aus der Flut und zeige dem von fernher Nahenden durch die bläuliche Luft des Sommernachmittags rötliche Wände und scharfbegrenzte Schatten.

Eine Insel unmittelbar vor der Mündung eines lebenswichtigen Flusses – diese Lage mußte Helgoland, ob es seinen Bewohnern nun gefiel oder nicht, in den Rang eines strategisch bedeutenden Stützpunktes erheben. Helgoland war häufiger als nur einmal in seiner Geschichte Kriegsanlaß und Kriegsbeute, es war Gegenstand diplomatischer Auseinandersetzungen und Tauschobjekt: 1890 übernahm Deutschland die Insel von den Engländern. Der Preis, den das Kaiserreich zahlen mußte, hieß Sansibar. Jahre früher, 1847 nämlich, als England beschloß, die Insel zur Festung auszubauen, hatte die deutsche Presse überall im Land die Stimmung gegen diesen Plan angeheizt. Einer der wenigen, die gegen »die erbärmlichen, kleinlichen und hämischen Angriffe der deutschen Zeitungen, namentlich der Organe der Schutzzöllner« zu Felde zog, war der Kommentator der »Illustrirten Zeitung«: »Als ob Englands Stärke unsere Schwäche verschuldet habe, und als ob wir nicht Helgoland schon längst an das Liliputkönigreich Dänemark verloren gehabt hätten, bevor noch England es von diesem erwarb. Kann es nicht mit seinem Eigenthum machen, was es will, oder wollen wir, die wir den Elsaß, Lothringen, die Niederlande nicht behalten konnten, als wir sie schon wieder erobert hatten, die wir Schleswig-Holstein nicht gegen dasselbe Dänemark behaupten können, welches sein Helgoland an England verlor, ihm seinen wohlerworbenen Besitz wieder abjagen? Lernen wir doch vor Allem von England einig sein und wissen, was wir wollen, und was wir wollen, mit Beharrlichkeit erreichen. Dann können wir in Ruhe erwägen, daß Helgoland eben so wol der Schutz der Elbe sein kann, wenn wir ein treues Bündniß mit dem bewährten Stammverwandten schließen, als das Gibraltar Deutschlands, wenn wir uns dem Fuchse Frankreich oder dem Bären Rußland lieber in die Arme werfen; es ist verderblicher Hochmuth, wenn wir prahlerisch glauben, beiden allein gewachsen zu sein.«

Die »Festung« Helgoland im Jahre 1847

Helgoland ist mit keiner anderen Nordseeinsel zu vergleichen. Das gilt nicht nur für die Menschen, die auf dem knapp einen Quadratkilometer großen Eiland leben (und das nicht schlecht!). Es gilt vor allem auch für die Insel selbst, deren rote Felsen weit aus dem Meer herausragen. Diese Felskante, schrieb ein Journalist 1872, übe die nachhaltigste Anziehungskraft auf den Besucher der Insel aus; »sei es, daß er von oben hinabblickt auf die schroffen Wände mit ihren vorspringenden Pfeilern und Säulen und auf die anbrandende See, oder daß er auf einem Boot die Insel umkreist, oder daß er eine tiefe Ebbe benutzt, um einen Rundgang um den Fuß der Insel zu unternehmen. Die eigentliche Klippe – wie der Helgoländer sein Felseneiland bezeichnet – ruht nämlich auf einem großen Felsplateau, welches gewöhnlich mit ¼ bis ½ Faden Wasser bedeckt ist, bei tiefer Ebbe aber zum Theil bloßliegt. Dann findet man ringsum zwischen Felswand und See Raum zum Gehen und kann vom Nordwestende aus auch ein weites Stück in die See hinauswandern, um zwischen den Algen, welche den Felsgrund bis zur obern Flutgrenze dicht bedecken, hier und da einen Taschenkrebs, einen Seestern oder einige Muscheln zu finden.«

Links oben: Die Nordspitze der Insel
Links unten: Die Klippe bei Niedrigwasser
Oben: Geschäftiges Treiben am Hafen

»Auf Helgoland ist, streng genommen, jeder Tag Sonntag. Da aber doch ein Abschnitt in der Woche gemacht werden muß, so ziehen sich die Helgoländer sonntags ein paar neugewaschene Segeltuchhosen an (wenn gerade welche gewaschen sind), fügen vielleicht ein weißes Leinwandhemd zu dem permanenten, blauwollenen und lungern etwas langsamer als wochentags.«
Die boshafte Anmerkung – Jahrgang 1850 – stammt von dem Schriftsteller und Helgoland-Kenner Carl Reinhardt. Wahrscheinlich hatte er beide Augen zugedrückt, als ihn sein Spaziergang an der Hafenbucht vorbeiführte. Dort unten, wo der sanfte Bogen des Strandes in eine niedrige Geröllspitze auslief, das die Helgoländer Waalhörn nannten, wurde recht eifrig gearbeitet. Die Bucht bot den Fischerbooten und den Hummerkästen Schutz vor der unberechenbaren See. Dieser Schutz war für die Menschen auf Helgoland lebenswichtig; denn der Fischfang war ihre Haupteinnahmequelle, bevor sie auf die Idee kamen, ihre Insel zum Seebad zu erklären und fortan auf Touristenfang zu gehen.

Kaum hatten sich die Seereisenden, deren »vorher noch rosig gefärbte Wangen sich infolge des steifen Südostwinds plötzlich mit auffallender Blässe überzogen«, ihren Fuß auf festen Boden gesetzt, da mußten sie eine zum Ritual des Helgolandbesuchs gehörende Demütigung über sich ergehen lassen: »Die gesamte Badegesellschaft von Helgoland«, schilderte ein wortgewandter Besucher, »hat sich an der Landungsbrücke und in der Allee, welche von dort aus zu den Hotels und Wohnungen führt, eingefunden, um die neuen Ankömmlinge mit kritischen Blicken Revue passiren zu lassen. In ihren luftigen, farbenreichen Strandtoiletten und mit ihren von der frischen Seeluft kräftig gerötheten Wangen bilden namentlich die Damen einen gar auffälligen Gegensatz zu den aller Elasticität beraubten Gestalten und den schlaffen, bleichen Gesichtern der eben gelandeten Badegäste, und da die Schadenfreude nun einmal eine der hervorstechendsten Eigenschaften der menschlichen Natur ist, so müssen die Bedauernswerthen auf ihrem dornenvollen Wege durch die »Lästerallee« auch noch manch muthwilliges und ironisches Lächeln wahrnehmen, manche spöttisch-mitleidige Bemerkung über sich ergehen lassen, ohne daß natürlich diese unerwünschte Theilnahme danach angethan wäre, ihre aschgraue Stimmung rosiger zu färben. Aber gerade diese finstern Mienen, diese grollenden Seitenblicke und dieses hastige Vorwärtsstreben der Neulinge bilden den Gipfel der Belustigung für die ältere Badegesellschaft, und wohl dem, der bereits wieder Kraft genug über sich gewonnen hat, um gute Miene zu dem bösen Spiel machen zu können. Die überwiegende Mehrzahl der Ankommenden freilich besitzt diese moralische Stärke nicht. Aber so lang auch immer die entsetzliche Lästerallee sein mag: auch sie nimmt ein Ende, und schon nach wenigen Stunden sind zugleich mit den Strapazen der Ueberfahrt auch die Leiden dieses Spießruthenlaufens vergessen. Bei der Ankunft des nächsten Dampfers aber sind unsere neuen Badegäste sicherlich unter den ersten, welche schadenfrohen Antlitzes an der Landungsbrücke Aufstellung genommen haben.«

Begrüßung der »Neuen« auf der Lästerallee

Der Wortreichtum unserer urgroßväterlichen Helgoland-Touristen scheint unerschöpflich, wenn es darum ging, die Folgen der Seekrankheit zu schildern. Natürlich basierten solche Berichte immer auf den Beobachtungen bei anderen. Eigene Erfahrungen zu beschreiben – das hätte dann wohl doch nicht zur Rolle des Seehelden gepaßt, die unser urgroßväterlicher Berichterstatter gern spielte. Noch eine Kostprobe gefällig? Hier ist sie: »Tief taucht das Vorderteil des Schiffes in die salzige Flut, um im nächsten Augenblick gen Himmel zu streben. Länger und bleicher werden manche Gesichter. – Das Gespenst der Seekrankheit hält fürchterliche Musterung. Es ist Zeit, deinen Mitpassagieren menschenfeindlich aus dem Wege zu gehen, da bekanntlich den Seekranken nichts heilig ist. Doch darum keine Feindschaft dem Meere, zu einer echten, rechten Seefahrt gehört dieser maritime Katzenjammer, wie die Dornen zu den Rosen. Bald schimmert in dem nebelgrauen Dunste des Horizonts ein kleiner schmaler Streifen, welcher sich nach und nach bestimmter abgrenzt, bis das Auge den im blassen Rot schimmernden Felsen deutlich erkennt.
Näher und näher braust der Dampfer heran, dunkler und dunkler färbt sich die Masse jetzt vor dir, jetzt heben sich die hellen Häuser deutlich von dem dunkelroten Gestein ab. Noch eine Viertelstunde Fahrt, und der Anker rasselt in die Tiefe. Vor dir liegt das Steinchen im Meere – Helgoland – rot der Felsen, grün der Rand und weiß die Düne:

Grön is dat Land
Rot is de Kant
Witt is de Sand
Das is dat Wappen von Helgoland.

Durch ohrenbetäubendes Geheul der Dampfpfeife macht das Schiff seine Anwesenheit bekannt. Nun kannst du das angenehme Vergnügen des Debarkierens, wie es sonst nur in fernen Häfen geschieht, kennenlernen. Dutzende von Booten drängen sich an das Schiff, die Passagiere beeilen sich, so schnell als möglich an Land zu kommen.«
Ein Paar Stunden nach der Ankunft waren die Nöte der beschwerlichen Anreise meistens vergessen und man beschloß, die Umgegend von See aus so recht zu genießen:

»Ist die See wenig bewegt, so gönnt man sich auch am Spätnachmittag den Genuß einer Seefahrt, welche, mag sie nun hinaus in die offene See oder um die Insel herumführen, immer durch den zauberhaften Anblick des breit hingelagerten Felseneilands mit seinen

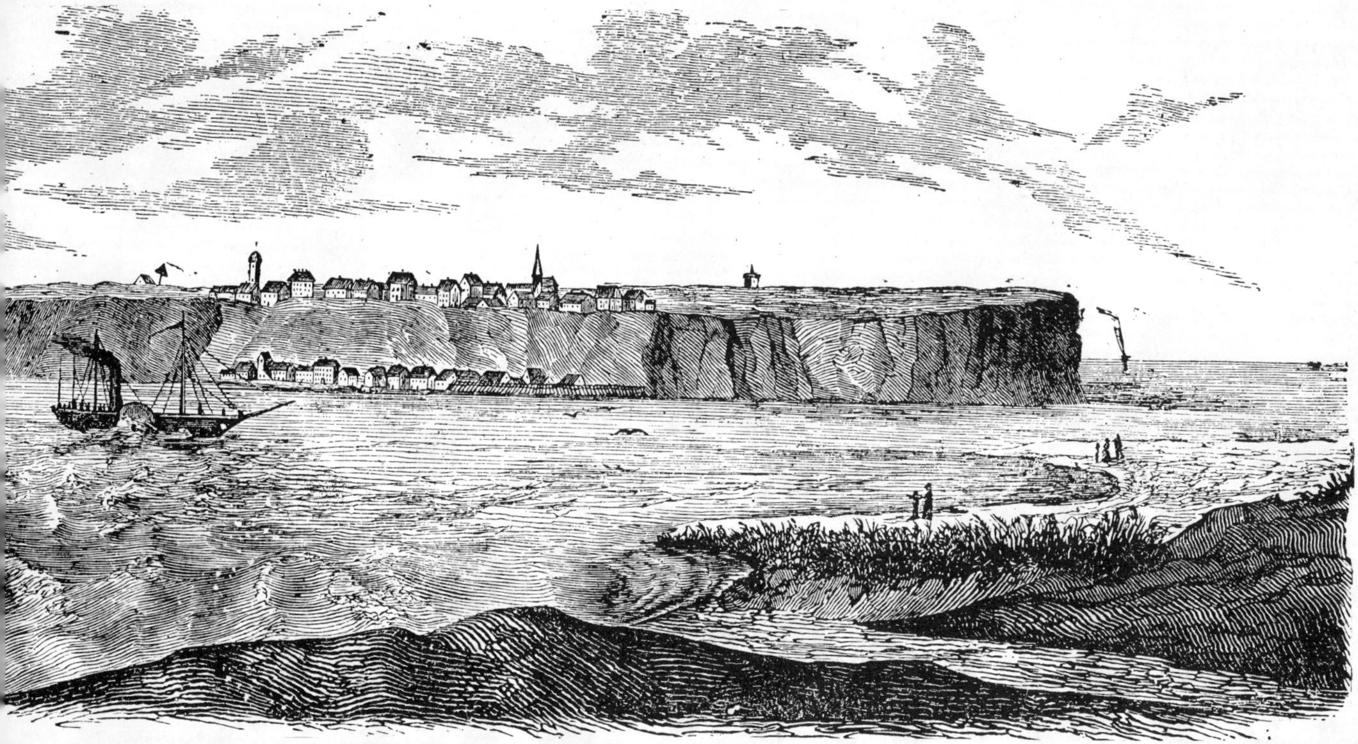

Helgoland von der Düne aus gesehen

zerrissenen, roth und weiß gebänderten Wänden einen besonderen Reiz erhält. Auch der ungeübte oder den Verführungen des Fischefangens und Vogelstellens längst unzugänglich gewordene Festländer wird es nicht verschmähen, mit solcher Meerfahrt zuweilen das Vergnügen der Angelfischerei auf Dorsche zu verbinden. Ist nun gar eine jener berühmten, mit prächtigem Feuerwerk verbundenen helgolander Grottenerleuchtungen angesetzt, so schwimmt des Abends fast die gesammte Badebevölkerung im Umkreise der Insel auf den Booten.«

Wer an der Seekrankheit leidet, thut am besten sich auf den Rücken legen, sobald das Schiff anfängt zu stampfen . . . Es schadet auch gar nichts, wenn man die paar Stunden seekrank ist, sondern curirt den Magen recht aus und erweckt für die folgenden Tage sehr guten Appetit.

Carl Reinhardt 1856

Seegefecht vor Helgoland am 9. Mai 1864

Seegefechte hatten für unsere Urgroßväter etwas Faszinierendes. Besonders wohl deshalb, weil ihnen dabei zumute gewesen sein muß wie einem Kontinentaleuropäer beim Besuch einer englischen Cricket-Veranstaltung: Man weiß nie so recht, warum wer was macht und am Schluß weiß man auch nicht, warum wer gewonnen hat. Verlassen wir uns bei der Beurteilung des Seegefechts vor Helgoland, in dem die österreichisch-preußische Flotille an drei dänische Kriegsschiffe geriet, auf den Bericht des Admirals von Tegetthoff:

»Um 1 Uhr nachmittags kamen drei Kriegsschiffe in Sicht, welche sich alsbald als dänische, und zwar als zwei schwere Fregatten und eine Corvette erwiesen.

Ich ließ den Schiffen telegraphiren: »Unsere Armeen haben Siege erfochten; thun wir das Gleiche!« hierauf »Klarschiff zum Gefechte« signalisiren und nahm den entsprechenden Curs, um den feindlichen Schiffen, welche gegen Helgoland steuerten, den Weg abzuschneiden.

Die österreichisch-preußische Flottenabtheilung war in Schlachtlinie formirt und verfolgte einen nordwestlichen Curs, während die dänischen Schiffe, ebenfalls in Schlachtlinie, gegen $1\frac{1}{2}$ Uhr nachmittags wendeten und einen südöstlichen Curs, also uns entgegennahmen.

Auf eine Distanz von $18\frac{1}{2}$ Kabeln wurde das Gefecht unsererseits zuerst mit den Pivotgeschützen eröffnet und sodann mit den Breitseitengeschützen auf $8\frac{1}{2}$ und 10 Kabeln fortgesetzt.

Als ich sah, daß auf diese Weise ein Erfolg nicht sobald erzielt werden würde, beschloß ich, die Distanzen zu vermindern und ließ 80 Schüsse im Rumpf, hiervon zwei in der Wasserlinie; Sr. Majestät Fregatte ›Radetzky‹ hat mehre Schüsse in der Wasserlinie, beide Schiffe haben ihre Masten und Rundhölzer zum Theil stark beschädigt, jede der Fregatten hat nur noch ein brauchbares Boot, da alle übrigen zerschossen sind. Den genauen Ausweis über die erlittenen Havarien werde ich nachträglich vorzulegen die Ehre haben.

Ich muß aber jetzt schon des Commandanten Sr. Majestät Fregatte ›Radetzky‹ – Fregattenkapitän Jeremiasch – erwähnen, welcher, als ihr das Signal gemacht wurde die Frontelinie zu bilden, sich anstatt dessen ins Kielwasser der Fregatte ›Schwarzenberg‹ legte und so durch den Körper seines eigenen Schiffes, welches sich des Namens, den es trägt, vollkommen würdig erwies, die Fregatte ›Schwarzenberg‹ vor den feindlichen Kugeln deckte, bis ihm das Signal erneuert wurde und er auf seinen Posten in der Frontelinie einrückte.«

Am 26. August 1841 hatte Hoffmann von Fallersleben sein Gedicht »Deutschland, Deutschland über alles« während eines Besuches auf der (noch nicht deutschen) Nordseeinsel Helgoland geschrieben. Immer wieder hatten seitdem deutsche Patrioten versucht, dem Dichter ihres Nationalliedes ein Denkmal zu setzen. Erst als sich die vielgelesene Zeitschrift »Gartenlaube« ein Jahr vor dem 50. Geburtstag des Liedes für die Sache einsetzte, konnte man »Beiträge zu ihrer Sammlung in reichem Maße fließen sehen«.

Die »Gartenlaube« berichtete: »So wurde es möglich, am Geburtstag des schlichten und gerade deshalb so volkstümlich gewordenen Nationalliedes den Grundstein zu dem Denkmal zu legen, das von dem bekannten Berliner Bildhauer Schaper ausgeführt wird. Wie von Anfang an, so war es auch hier wieder Emil Rittershaus, der Schöpfer so mancher treuherziger, warmempfundener Gedichte, welcher mit seinen poetischen Worten zum Gelingen der Sache beitrug. Da der starke Wind es verhinderte, die ganze Feier am Denkmalsplatz selbst – auf dem »Unterlande« neben der Landungsbrücke – abzuhalten, so fand die Einleitung zur Grundsteinlegung in dem laubgeschmückten geschützten Vorplatz vor dem Konversationshause statt. Dort nun hielt Rittershaus zum Beginn eine schwungvolle Ansprache in Versen, die nach einem Rückblick auf die vergangenen fünfzig Jahre deutschen Lebens und deutscher Geschichte, nach einer Mahnung zum unverbrüchlichen Festhalten an der errungenen Einheit unseres Volkes mit den Worten schloß:

»Gott weiß, was uns die Zukunft bringt!
Ertöne hellen Schalles, Du Lied, das jedes Herz durchdringt, Du, Deutschland über alles!«

Ein Jahr später konnten die Kurgäste die Büste, »welche die kraftvollen willensstarken Züge des vaterländischen Dichters so prächtig hervortreten läßt« bestaunen. Und ein Korrespondent, den das Nationalgefühl angesichts des Meisterwerks übermannte, jubelte seinen Lesern zu: »Da schaut sie hin über das Meer, von einem deutschen Strande zum anderen! Ach, was deutsche Herzen an einem solchen Tage bewegt! . . .«

Denkmal für Hoffmann von Fallersleben

Grundsteinlegung des Denkmals und Autograph aus dem Helgoländer Fremdenbuch, das Wohnhaus des Dichters

Oben: Das Mörmersgatt
Unten: Die Düne vor Helgoland

Rechts: Die Treppe zwischen Unter- und Oberland

Oben: Fahrt nach der Badedüne
Rechts: Landung auf der Düne

So klein die »Perle der Nordsee« unserem reisenden Herrn Urgroßvater auch erschienen sein mag: sie bot ihm hinreichend Gelegenheit, seine Kondition zu testen. Dreimal täglich die 186 Stufen, die an der Ostseite der Insel das Unterland mit dem Oberland verbindet – das war schon eine beachtenswerte Leistung, mit der er vor unserer staunenden Frau Urgroßmutter bestehen konnte.

Sie war übrigens auch hingerissen, wenn er sie zu einer Bootsfahrt rund um Helgoland einlud und ihr den geologischen Aufbau des Felsmassivs erklärte. So ganz verstand sie natürlich nicht, was er selbst gerade im Reiseführer gelesen hatte, aber es reichte, um überwältigt zu sein. Und als sie Mörmersgatt passiert hatten, von dem ein weitgereister Helgoland-Gast großspurig behauptete, es erinnere ihn an die Sandsteinfelsen in Böhmen, da schrieb sie schwärmerisch in ihr Tagebuch:

»Die wunderbarsten Formationen hat die Wut der Elemente in den Felsen gemeißelt. Hier hat das Meer tiefe Schluchten, dort hat es hohe alleinstehende Säulen von der Masse losgelöst, da wieder hat es die Felsen unterhöhlt und breite, hohe Thore geschaffen. Gleichmäßig rollen die Wellen heran und unterspülen die für die Ewigkeit gebaut scheinenden Pfeiler. Dann kommt ein Tag des Zornes, heulend fällt der Sturm in die Schluchten. Das wütende Meer wälzt seine mächtigen Wassermassen heran, und wieder stürzt ein Teil der wehrlosen Insel darnieder!«

Wie schön, daß man sich das alles nur vorzustellen brauchte! Denn das hatte ihr unser Herr Urgroßvater galant versprochen: sobald die Herbststürme einsetzen würden, sei man längst wieder abgereist . . . Lassen wir sie ihre Sommerfrische genießen und gönnen wir ihr eine sanfte Überfahrt nach der Düne, wo sie »zwischen Seedorn und Strandhafer unter dem frischen Hauch des Seewindes ganze Stunden im süßesten Nichtstun verträumte«.

1892 hatte die Gemeindevertretung Helgolands ihren Gästen endlich ein »Conversationshaus« bauen lassen, das zum gesellschaftlichen Mittelpunkt des Insellebens werden sollte. Es war so ganz im Stil der Kaiserzeit errichtet, und der Hamburger Architekt F. H. Schmidt hatte mit seinem Neubau einen Hauch jenes legendären Uhlenhorster Fährhauses, in dem die Hamburger ihre großen Festbälle feierten, auf die Nordseeinsel gebracht. Das Conversationshaus eröffnete die Epoche des zunehmend organisierten »Kurbetriebs«. Pünktlich um drei Uhr rief die »schrille, nervenerschütternde Glocke« die Gäste zur Mittagstafel. Abends versuchte man sich hier in puncto Eleganz gegenseitig zu übertrumpfen.

Ach ja, die Eleganz. Weitaus mehr als unsere Generation verstanden sich unsere Großväter und Urgroßväter auf das »Stilvolle«, auch wenn's gelegentlich zu Lasten der Bequemlichkeit ging. Hier wurden alle Trümpfe ausgespielt, die man zu Hause vielleicht lieber in der Hand behielt. Oder wurde hier zum Ereignis, was zu Hause zu den Selbstverständlichkeiten zählte? Ein Gesellschaftsreporter der Jahrhundertwende hatte darüber nachgedacht – man muß seinen Text so richtig auf der Zunge zergehen lassen, um ihn zu genießen:

»Eleganz ist ein Parfüm, das man sieht! Und dieses Parfüm wirkt hier in der Umgebung des Seebads um so pikanter, denn während daheim in dem Getriebe der Großstadt die Erscheinung der eleganten modischen Dame mit ihrer Umgebung zu einem zusammengehörigen Ganzen verschmilzt, steht sie am Strande des Meers zu der Natur, die sich hier nur in einfachen großen Linien bewegt, im schärfsten Contrast. Jene duftige, seidenknisternde, schleierwehende, farbenschillernde Welt, welche auf zierlichen Füßchen an uns vorüberschwebt, nimmt sich dem Ocean gegenüber aus wie ein Kolibri auf der Faust eines Geharnischten. Aber gerade losgelöst von ihren Bedingungen, muß die Mode ihre Berechtigung hier um so mehr beweisen, und sie thut es. Was wir hier vor uns sehen, ist nicht mehr der Mangel an Farbensinn, nicht mehr der verkommene Geschmack, der nur das einförmigste Schwarzgrau oder sonstwelche düstere Farbenzusammenstellung für comme il faut erklärt, sondern, als mache sich der frische Hauch, welcher unser Kunstgewerbe jetzt belebt, auch hier geltend, es tritt jetzt die Farbe immer mehr in ihr Recht, während die Form sich einer ungebundenen Freiheit erfreut, die jedem geschmackbegabten weiblichen Wesen gestattet, ihre individuellen Reize zur Geltung zu bringen, sodaß wir es kaum bemerken, wie Rubens und Watteau Arm in Arm an uns vorüberwandeln. Als specifische Eigenthümlichkeit des Seebads erscheint noch das Seebadecostüm, eine Gattung, unter der man verschiedentliches, aber vom Standpunkt der eigentlichen Modedame aus ein mixtum compositum von Land-, Stadt- und Phantasiecostüm versteht, das von sich reden macht, und bei dem sich oft die Grenzen zwischen der Dame der guten Gesellschaft und derjenigen der Halbwelt verwischen, eine Erscheinung, die aber dem ganzen, reizend bewegten Bild eine pikante Nuance mehr hinzufügt. Ist es nicht ein fertiges Genrebild, so einen alten Seebären mit dem Südwester auf dem Kopf und den mächtigen Wasserstiefeln an den Beinen einem mit aller Raffinerie der Mode ausgestatteten Dämchen in sein Boot helfen zu sehen, wie da sein Auge mit scheuem Staunen und spöttischem Schmunzeln von dem koketten Hütchen zu den zierlichen Sandalenstiefelchen, die gerade seinen Bootsrand betreten, hin- und herwandert?«

Das »Konversationshaus« mit dem Denkmal Hoffmanns von Fallersleben

Helgoland und die Düne aus der Vogelperspektive

Mit viel Phantasie hat sich der Zeichner vor 120 Jahren Helgoland aus der Vogelperspektive vorgestellt, um dazu etwas enttäuscht anzumerken, aus der Ferne machten sich leider nur drei Punkte auf dem Felsen »bemerklich«: der Leuchtturm, dessen Licht bei Nacht fünfeinhalb deutsche Meilen weit in die See reiche, ferner das nahe der Südspitze isoliert stehende Posthaus und dahinter die Spitze des Kirchturms. Erst wenn man sich der Insel weiter nähere, könne man auch die anderen Häuser des Oberlandes voneinander unterscheiden.

Links: Der Leuchtturm
Rechts: Der »große Mönch«

Aus welcher Perspektive auch immer man den Helgoländer Felsen betrachtet: der Eindruck ist überwältigend. Unser Herr Urgroßvater, in den fünfziger Jahren des vergangenen Jahrhunderts Stammgast auf der Insel, verstand es trefflich, das Erhebende dieses Anblicks in wohlgesetzte Worte zu fassen:

»Nach einem Aufenthalt von Jahr und Tag kann ich behaupten, daß kaum ein Tag verging, der mir nicht neue, interessante und erhabene Naturscenen vor die Seele führte. Die Natur des Meeres ist ewig schön, aber freilich muß man nicht nur Empfänglichkeit mitbringen, sondern auch das eigenthümliche Schöne jeder Naturscenerie studiren und verstehen lernen, denn wie für die Kunst, so wird auch für die Natur der Geschmack erst durch lange Uebung gebildet und wie selten wird diese Bildung dem Städter zu Theil. Jedem, welcher Helgoland oder überhaupt das Meer ebenso blasirt verließ, wie er es begrüßte oder gar es langweilig fand, darf ich daher ohne Anmaßung zurufen:

»Dein Sinn ist zu, Dein Herz ist todt!«

Dem empfänglichen Gemüth aber wünsche ich zum Schluß neben der kräftigsten Badewirkung die reinsten Freuden.«

Strandpartie an der Küste von Helgoland – nach einem Gemälde von Christian Morgenstern

Im Februar 1867 meldeten die Zeitungen den Tod des Malers Christian Morgenstern, der von den Hamburger Künstlern Cornelius Suhr und Siegfried Bendixen gefördert worden war. Die »Illustrirte Zeitung« ehrte den Maler, indem sie eines seiner letzten Gemälde in Holz stechen ließ. Der Redakteur schrieb dazu:
»Unter großartigen Wolkenpartien sehen wir die malerisch zerklüftete Westküste von Helgoland, an die das Meer brandend seine Wellen wirft. Vorn, an geborgenem Boot, sieht ein Fischer nach seinen Netzen, während im Hintergrunde, unter dem Schreien der Möven, Strandschiffer nach einer auf hoher See befindlichen Brigg spähen. Die Hauptreize des Bildes liegen in der großartigen Conception, der überraschenden Gesammtwirkung, der vortheilhaften Anordnung großer Licht- und Schattenmassen und in der schönen Farbenpoesie. Die Luft ist, wie in allen Morgenstern'schen Bildern, von überraschender Wahrheit und überaus schönem Colorit; von vortrefflicher Wirkung der Contrast des durch die dunkeln Wolken sich drängenden Sonnenlichts. Ebenso zeigt das wild zerklüftete Gestade des Mittelgrundes ein klares, warmes Colorit, während das Meer mit seinen Wellen in Zeichnung und Farbe uns den feinen, scharfen Beobachter erkennen läßt. Der Vortrag ist breiter und flotter als in andern Werken des verstorbenen Künstlers, der gerade im liebevollen Ausführen des Einzelnen excellirte. Wir sind jedoch weit entfernt, deshalb dem Bilde einen geringern Werth beilegen zu wollen, möchten ihm vielmehr gerade wegen der Kühnheit des Vortrages ein erhöhtes Lob spenden. Beim Betrachten dieser Strandpartie fühlen wir, daß der Künstler mit voller Inspiration geschaffen; deshalb wirkt es auch so unmittelbar und immer wieder aufs neue fesselnd.«

Ein paar Schritte noch, dann hat unsere Frau Urgroßmutter endlich wieder festen Boden unter den Füßen. Ihr erster Weg wird sie auf das Comptoir der Badeanstalt führen, wo sie sich die »Reglements« aushändigen lassen wird. Wir wollen den verehrten Lesern mit Erlaubnis der Direction einige Bestimmungen vom 1. Juli 1841 nicht vorenthalten:

»In den Fährböten darf nicht geraucht noch aus denselben geschossen werden...

Auf der Badeinsel bezeichnen Wegweiser die Grenzen zwischen den Badeplätzen der Damen und der Herren, und dürfen solche unter keinem Vorwande überschritten werden...

Die Taxe für ein Wagenbad in offener See beträgt 12 Schillinge. Für dito ein Zeltbad 8 Schillinge.

Trinkgelder dürfen nicht gefordert werden, und bleiben diese dem freien Willen der Badegäste überlassen.

Die männliche Bedienung erhält indessen, wenn sie einen Patienten ins Wasser begleitet und während der Dauer des Bades bedient, jedesmal 4 Schillinge...

Der Prager Musik bezahlt ein jeder Badegast 4 Schillinge...

Kinder bezahlen überall die halbe Taxe; ebenso die Domestiken...

Gegründete Klagen bittet man im Comptoir der Badeanstalt in das dort niedergelegte Beschwerdebuch mit eigener Namens-Unterschrift zu notiren.«

Oben: Endlich wieder festen Boden unter den Füßen!
Rechts: Nachmittag im Strandpavillon und Zeitvertreib am Strand

Einen Groschen in die Grabbel.

Eine lustige Wasserfahrt war für die hübsch herausgeputzten Damen und Herren nicht nur eine abenteuerliche Angelegenheit, sondern zugleich ein gesellschaftliches Ereignis. Die Helgoländer Fischer, die dem ausgelassenen Treiben »auf ihre langen Riemen gelehnt« verständnislos zuschauten, hatten sicher ihren Spaß daran. Vielleicht würden sie ihr Wohlwollen den Touristen gegenüber ein bißchen eingeschränkt haben, wenn man sie hätte lesen lassen, was einer der »Inselspione« über sie in einer Zeitung veröffentlicht hatte:

»Die Helgolander Schiffer, von Heine ›die kecken Nomaden der Nordsee‹ genannt, arbeiten auf den Wellen wie kräftige Männer, zu Hause bringen sie dagegen ihre Zeit in einem fast gänzlichen Nichtsthun hin. Oefters sah ich, daß die Weiber die schweren Bunde von Netzen und Angelschnüren zu Hause und die hohe Treppe hinauf ins Oberland tragen mußten, nachdem die Männer vom Fischfange heimgekehrt waren. Der Transport aller Gegenstände, welche auf dem Oberlande gebraucht werden, sogar allen Baumaterials, fällt daher meistens den Weibern zur Last; daher begegnet man auch auf der genannten Treppe weit mehr auf den Schultern tragenden Frauen, als Männern. Den Fischfang treiben die Helgoländer in einem Umfange von zwanzig deutschen und mehr Meilen um ihre Insel herum; ob es gleich nicht in der Nähe an Fischen

fehlt, so gehen sie doch bisweilen in der Hoffnung einer reichlichern Beute weit von der Insel weg und besonders nach Norden und nach Nordwest. Nahe an der Insel, besonders auf Klippen, welche zur Zeit der Ebbe vom Wasser frei werden, ist der Hummerfang belohnend.«

Links: Start zu einer lustigen Wasserfahrt
Oben: Helgoländer Fischertypen

Der letzte Helgoländer Grönlandfahrer

Etwa um 1815 – als sich Europa auf dem Wiener Kongreß um sein endgültiges Gesicht herumstritt – wurde der alte Fischer Koopmann auf Helgoland geboren. In seiner Kindheit erlebte er noch, wie Helgoländer Fischer vereinzelt auf Robbenfang nach Grönland zogen. Er selbst ist dann später mit einem Landsmann Daniel Tonnies hinausgefahren, um an der Küste Grönlands Robben zu schlagen. Dort erlitten die beiden Schiffbruch und kamen erst nach vielen Entbehrungen und Strapazen zu ihren Familien zurück, die sie längst für verschollen gehalten hatten. Von dem alten Koopmann erzählte man sich auf Helgoland lange die Geschichte, wie er nach der Rückkehr von Grönland in Hamburgs Vorstadt St. Pauli eine Schaubude entdeckte, in der für ein paar Groschen ein »Meerweibchen« zu sehen war. Begierig darauf, ein Seetier zu sehen, das er noch nicht kannte, zahlte er (was bei Helgoländern immer mit einigem Zähneknirschen verbunden sein soll). Als er hinter einen Vorhang geführt wurde, zeigte man ihm dort jedoch nicht etwa die in Seemannsgeschichten lebenden Nixen und Meerjungfrauen, sondern ein paar Robben, die er selbst gefangen und nach Hamburg geschickt hatte.

Auf Helgoland wurde er bis an sein Lebensende geneckt, daß er sich so hatte »beluern« lassen.

Das Innere der Inselkirche

Schlicht und einfach wie die Menschen auf Helgoland war auch die Ausstattung ihrer Kirche: Die Geradlinigkeit ihres Denkens und ihres religiösen Empfindens kam in jedem Detail zum Ausdruck, was keinesfalls bedeutete, daß das Kircheninnere nicht auch ein Abbild ihrer Wohlhabenheit gewesen wäre. Wertvolle Messingleuchter und Holzschnitzereien beweisen handwerkliches Können, fein ausgearbeitete Wandmalereien deuten auf das künstlerische Einfühlungsvermögen der Helgoländer. Die Symbole der Schiffahrt sind – wie in allen Kirchen in Meeresnähe – die auffälligsten Accessoires; denn die Seefahrt und die Gefahren der sie bedrohenden Naturgewalten sind hier die Grundlage religiösen Denkens.

Gab's das zur Zeit unserer Urgroßväter: Eine Strandkneipe, die noch nicht von Touristen entdeckt war? Offensichtlich ja! Vielleicht, weil sich niemand traute, die abendliche Idylle zu stören.
Künstler wie der Maler Professor Rudolf Jordan, Nestor der Düsseldorfer Schule, waren die Ausnahme. Seit Jordan mit seinem Bild »Der Heiratsantrag auf Helgoland« berühmt geworden war, sah man ihn gern in einheimischer Runde. Was reizte ihn an diesen Motiven? Er hat es selbst gesagt: Die Menschen! »Muth und todesverachtende Kühnheit, ein Trotzen der Gefahr im Mann und Jüngling, häuslicher Fleiß und treue Liebe bei Frauen und Mädchen sind die seelischen Eigenschaften der schlichten Strandbewohner; und was die äussere Erscheinung anlangt, so treten dort die Energie des Ausdrucks und die Kraft der wettergebräunten Züge auf der einen, die urwüchsige Anmuth, gepaart mit der gesunden Gestaltenfrische auf der anderen Seite dem forschenden Blicke entgegen.«
Rudolf Jordan hat dies alles in seinem Bild festzuhalten gesucht: »Am Haupttische hat ein wohlhabender Fischer mit seiner Familie den Platz gewählt. Frau und Kinder schlürfen bereits den unvermeidliche Thee; ihm aber trägt der Wirth eben die Flasche Franzwein zu, und das zweite leere Glas neben der Flasche ist wol dem stattlichen Jungmann bestimmt, der in der Mitte des Zimmers steht und von den Reizen der einen Tochter der Elternfreunde eingenommen ist. Die Sonne beseligender Hoffnung hat diesen Kreis durchleuchtet, und ein anderer warmer Strahl der Zufriedenheit und Freude geht da von einem alten Paare aus, das eben in Begleitung des treuen Spitzhundes den Raum betritt. Den letzteren nimmt sogleich der prächtige Knabe, der einzige Stammhalter der vorerwähnten Familie, in Anspruch; den anderen aber tritt freudig bewegt ein Greis in einem etwas modischen Anzuge entgegen, und das Wiedersehen zwischen beiden Theilen ist ein freudig bewegtes. Welche Fülle von Begebenheiten wußten diese wankenden Alten wol zu erzählen, und was alles werden sie nun austauschen aus reicher Erinnerung.«

In der Strandkneipe – nach einem Gemälde von Rudolf Jordan

1884

Das Mörmersgatt, das größte Felsentor Helgolands, ein vielbeschriebenes Naturereignis »von grotesker Schönheit«, war Anfang 1865 eingestürzt. Ein paar Monate später machte sich ein Reporter auf die Reise, um festzustellen, ob sich noch etwas von der alten schönen Felsenplatte erkennen ließe. Hier sein Bericht:
»Nichts, gar nichts erinnerte an die frühere Form und Schönheit, denn fast senkrecht starrte die stehengebliebene Felsenwand in die Höhe, während der zusammengestürzte Theil ein formloser Schutthaufen war, dessen Fuß die Meereswellen bespülten.
Am andern Tage besuchte ich nochmals im Boote die Stätte und landete daselbst. Die eingetretene Ebbe zeigte jetzt auch die weiter ins Meer gestürzten Felsentrümmer, welche schon großentheils mit Algen bedeckt waren, so glatt, daß der Fuß nicht auf ihnen haften konnte. Ihr herrliches Grün bildete einen lebhaften Gegensatz zu dem im Sonnenschein fast blendenden Roth der Felsentrümmer, während die dazwischen liegenden weißen Stücken bewiesen, daß sie Theile jener weißen Adern gewesen waren, welche den rothen Stein der ganzen Insel in so charakteristischer Weise durchziehen. Und hinter diesem Farbenwechsel dehnte sich das tiefblaue Meer fast spiegelglatt in die unendliche Ferne.
Das Ereignis selbst scheint keinen menschlichen Zeugen in der Nähe

gehabt zu haben. Unser Bootsführer erzählte, daß er gerade während desselben auf offenem Meere gefischt habe und er und seine Gefährten, durch den fernen Donner des Sturzes aufmerksam gemacht und die aufsteigende Staubwolke wahrgenommen hätten.

Daß man übrigens auf Helgoland stets auf solche Felsenstürze gefaßt ist, geht daraus hervor, daß überall durch Tafeln vor dem nahen Betreten der Felsenabhänge gewarnt wird. Und der Augenschein lehrt auch, daß dieselben an vielen Stellen sehr mürbe sind, wie denn oft ohne Veranlassung einzelne Steine sich ablösen und in die Tiefe stürzen. Die Helgoländer scheinen die Hauptursache in der Gewalt des Frostes zu suchen, indem derselbe das in die Felsenspalten einsickernde Wasser gefrieren mache und durch die dabei stattfindende Ausdehnung die Felsen sprenge.«

Das Mörmersgatt nach dem Einsturz im Jahre 1865

Die Insel von der Badedüne aus gesehen

Seebadekostüme anno 1880

»Für diejenigen unter unseren Leserinnen« – so versprachen die Modejournale zu Kaisers Zeiten – »welche die Absicht hegen, Leib und Seele in den salzigen Fluten der See zu stärken und zu erfrischen und ihre Augen daran zu weiden, wie die Sonnenlichter spielen über das weithinrollende Meer, bringen wir einige Abbildungen neuer Seebadecostüme, welche das Anmuthige mit dem Praktischen glücklich in sich vereinigen . . .«
Die Branche lebte gut. Auch damals schon. Nicht allen Kritikern gefiel das. Der Schriftsteller Carl Reinhardt glossierte die Modesucht eines Fräuleins aus der ersten besten hanseatischen Gesellschaft . . . Kaufmannstochter natürlich:

»Soeben wurde wieder ein Dampfer an die Brücke gelegt . . . Fräulein Julie Stubborn befand sich mit unter den Fahrgästen. Ihre Abreise war eine Zeitlang unterblieben, weil die bestellte Seebad-Garderobe erst angefertigt werden mußte. Jetzt war sie vollkommen im Stand und Fräulein Stubborn besaß ein Badekostüm, einen Sturmanzug, einen für Windstille, einen für Seefahrten, einen für Mondnächte und Meerleuchten, und außer diesen Spezialitäten noch die Morgen- und Abendnégligés, die Ball- und Promenaden- (resp. Lästerallee-) Garderoben und Seekrankheitsüberwürfe.«

Ein »Seewindhund« wie ihn der Karikaturist sah

Auch, wenn er streng und würdig dreinblickte, unser Herr Urgroßvater, einem Flirt am Strand war er keineswegs abgeneigt. Wenn er Gelegenheit dazu hatte, riskierte er sogar einen Blick zum Damen-Badestrand. Ein bißchen Sex war durchaus gefragt. Man sprach nur nicht darüber. Das erledigten die Karikaturisten, und sie lieferten auch gleich die Geschichte dazu:

»Ein junges, graziöses Mädchen im Badecostüm wird durch ein vorüberwandelndes Paar bei der Lectüre überrascht und von der Dame am Arm des Herrn mit vielsagend freundlichem Gruß bei koketter Fächerbewegung angeredet, während der in der Construction seiner Gliedmaßen einem Windhund nicht ganz unähnliche ›Gentleman‹, bemüht, die Dehors zu beobachten, verstohlen nach der hübschen Freundin seiner Gefährtin hinüberschielt. Besonders auffallend sind die Contraste in der Kleidung: auf der einen Seite die anmuthige Einfachheit des Badecostüms, auf der andern die den Körper einzwängende und so an ein gewisses Seethier erinnernde Toilette, welche als eine beißende Satire auf den ›Modezwang‹ zu betrachten ist. Im übrigen sprechen Mienen und Geberden dieses Trifoliums so deutlich, daß es dem Beschauer nicht schwer fallen wird, interessante Rückschlüsse auf die Individualität jeder der drei Personen zu machen.«

»Wie himmlisch lassen sich auf dem weichen warmen Sandboden gelagert ganze Stunden im süßesten Nichtstun verträumen, zum Labsal der armen abgehetzten Nerven« kommentierte die »Gartenlaube« das dolce far niente auf der Düne.

Es war das beste, was unser verehrter Herr Urgroßvater auf der Düne anfangen konnte. Hätte er ein Tabu gebrochen und einen lüsternen Blick auf den westseitigen Damenbadestrand geworfen, wo die »zarten Glieder in für das Menschenauge undurchdringliche lange Gewänder« gehüllt waren, hätte er vielleicht dem Urteil eines Zeitgenossen zustimmen müssen: »Viele dieser Kostüme sind von so abschreckender Geschmacklosigkeit, daß die Inhaberinnen eher wandelnden Bettbezügen als badenden Susannen ähnlich sehen . . . man nennt die Frauen das zarte Geschlecht, wer aber Helgoländer Badefrauen gesehen hat, der muß nolens volens in seiner Anschauung wankend werden . . . es steigt das Riesenmaß der Leiber weit über Menschliches hinaus.«

Dolce far niente auf der Düne

Eine Helgoland-Reise inspirierte zur »Freizeit-Gestaltung« der unterschiedlichsten Art. Einige brachten liebgewonnene Gewohnheiten vom Festland mit herüber und begannen schon an Bord, ihrer Skatlust zu frönen – meistens mit der weltmännisch eingeworfenen Bemerkung, das Meer habe so viel neue und ungewöhnliche Reize ja nun auch wieder nicht zu bieten.
Auf der Insel selbst bevorzugten die meisten die »Strandpromenade« in möglichst großer Begleitung. Das war die Kulisse, vor der man sich so recht in Szene setzen konnte, die Statisterie, die einem das Gefühl geben sollte, die Hauptrolle zu spielen. (Was natürlich jeder von sich selbst dachte – hierin unterschieden sich die Urgroßväter kaum von ihren Urenkeln.) Wer für sehr naturverbunden und romantisch gehalten zu werden wünschte, den zog es mit dem allnachmittäglich losmarschierenden Troß nach den abgestürzten Felswänden, wo man die Macht der Naturgewalten bestaunen und nebenbei – unter fachkundiger Anleitung eines Mitreisenden – einiges über Geologie lernen konnte. Nur ein paar Außenseiter zogen es vor, die ungestörte Einsamkeit des frühabendlichen Meeresfriedens zu genießen und sich an ein ruhiges Plätzchen zurückzuziehen. Das heißt, sofern die vom Jagdeifer befallenen Gäste ihnen ihre Ruhe ließen. Ein Chronist bemängelte 1890: »Wenn unberufene

»Beschäftigungstherapie« der Helgolandreisenden:
Links oben: Ein gemütlicher Skat an Deck
Links unten: Strandpromenade zwischen abgestürzten Felswänden
Oben: Einsamer Spaziergang auf der Düne

Nimrode, deren Bekanntschaft mit der Flinte bis dahin nur theoretisch gewesen ist, sich für eine Mark und 50 Pfennig irgend ein altes Kanonenrohr mieten und damit Möven und Menschen auf die rücksichtsloseste Weise erschrecken und gefährden, so ist dies ein entschiedener Mißbrauch. Gewöhnlich nimmt solch ein would be Mövenmörder ein Boot und knallt dann, in beliebiger Entfernung von einigen flatternden Vögeln, mit völliger Nichtachtung seiner Umgebung lustig drauf los. Wo die Schrotkörner hinfliegen, ist ihm egal, wenn nur die Dame seines Herzens, welche, vielleicht auf dem Oberlande stehend, dem teuren Schießbold Grüße mit dem Tränentuch zuwinkt, seine Nimrodspose sieht.«

Die Obrigkeit beeilte sich denn auch, den Unfug mit dem Schießgewehr wenigstens einzuschränken:

»Die Jagd auf der Badeinsel während der Badestunden ist wegen der damit verbundenen Gefahr nicht gestattet, und eine Ordre des hiesigen Gouvernements verbietet namentlich alles Schießen von 7 Uhr morgens bis 2 Uhr nachmittags. Nach dieser Zeit ist die Jagd dort für jedermann erlaubt. Aus den Fährschiffen der Badeanstalt darf unter keiner Bedingung geschossen werden, und das Mitnehmen von Schießgewehren in dieselben ist nicht gestattet.«

(§ 4 des Reglements für die Helgoländer Badeanstalt.)

Bei dem deutschen Publikum, so vermerkte der Chronist 1891, sei das Interesse am Schiffs- und Marinewesen erheblich gewachsen. Man verdanke dies vor allem der Vorliebe des jungen Kaisers für das Meer, die Kriegsflotte und das Seeleben. Der Marinemalerei sei damit eine neue Epoche eröffnet worden.
Zu den bekanntesten Marinemalern seiner Zeit gehörte der 1834 in Rostock geborene Fritz Sturm. Über das Gemälde »Vor Helgoland« schrieb ein Kritiker, der Maler treffe auf das genaueste eines jeden Schiffes eigene Physiognomie. »Er schildert in gleich frappanter Wahrheit auf dem Bilde jene unheimlichen schwarzen Boote, die eine der furchtbarsten Zerstörungswaffen in ihrem Schoße verborgen tragen, die Torpedos, ebenso wie das schwerfällige Dreimaster-Segelfahrzeug der Handelsflotte und das Fischerboot, das vor dem Winde wie im Fluge über die wogende Flut dahintanzt.«

»Bei Helgoland« – Gemälde von Fritz Sturm auf der Berliner Kunstausstellung 1891

Elegante Damentoiletten für die Strandpromenade.

Als unser urgroßväterlicher Korrespondent eines Modejournals die »Vorführdamen« mit Bleistift und Zeichenblock hinter den Felsen begleiten durfte, mag ihm der verwegene Gedanke gekommen sein, auch einmal am Damenbadestrand auf Motivsuche zu gehen. Allein: dies verboten ihm Gesetz und Anstand. Und so müssen wir uns denn mit dem verbalen Sittenbild begnügen, das ein mit weniger Anstand ausgestatteter Späher dort auskundschaftete: »Mit spitzem Finger werden einige Tröpfchen auf Brust und Haupt gespritzt, als erste Weihe und nun zeigt es sich sofort, ob sich die Novize des Badestrandes denen beigesellt, die in rührender Bescheidenheit und löblicher Consequenz am äußersten Wasserrande zu knien und zu kauern lieben und sich's mit den letzten Ausläufern der schäumenden Wogen genug sein lassen, oder ob sie, im Vollbewußtsein des unvergleichlichen Genusses, Kopf und Schulter voran, in die herrliche Brandung stürzen und tauchen wird . . .
Ein Schwarm jüngerer Damen und Mädchen jauchzt und tollt im Wasser, und ihr fröhliches Treiben steckt selbst die alte, vorsichtige Frau an, die sonst so gemessen ihre ärztlich vorgeschriebene Anzahl Wellen nimmt. Das ist eine wilde, berauschende Lust, mitten hineinzuspringen in die mächtig sich aufbäumende Woge, die zischend über uns dahinsprüht wie brausender Champagner . . .«

Helgoländer Straßenhändler mit Seesternen und anderen Raritäten

Neuer regelmäßiger

Dampfschiffs-Dienst

zwischen

Hamburg und Helgoland.

Während der diesjährigen Badesaison wird das schöne, bequeme, noch nicht vier Jahre alte, nach dem neuen System mit 4 eisernen, wasserdichten Abtheilungen und mit räumlichen Cajüten, Betten, Staterooms ꝛc. versehene, über 300 Tons große **eiserne** Dampfschiff

Koning Willem II.,

welches durch Capt. **J. C. Stucke** geführt, seit drei Jahren auf seinen Fahrten zwischen Bremen und Amsterdam als ausgezeichnetes See-Dampfschiff sich rühmlichst bewährt hat, **regelmäßig** und **direct** zwischen

Hamburg und Helgoland

vom 7. Juli an wie folgt fahren:

von **Hamburg** nach **Helgoland** } jeden Dienstag und Sonnabend früh Morgens,

von **Helgoland** nach **Hamburg** } jeden Montag und Freitag früh Morgens.

Dieses Dampfschiff wird auch zwischen

Bremen und Helgoland

wie folgt fahren **vom 16. Juli an:**

von **Bremen** nach **Helgoland** } alle 14 Tage (Donnerstags) früh Morgens,

von **Helgoland** nach **Bremen** } alle 14 Tage (Mittwochs) früh Morgens.

Nähere Auskunft wird jederzeit ertheilt: in Hamburg am Comptoir des Herrn **T. E. Gleichmann**, in Bremen beim Schiffsmakler Herrn **Ed. Ichon** und während der Badesaison täglich durch die hamburger Tagesblätter.

Ankündigung eines neuen Dampfschiffdienstes aus dem Jahre 1846

Tanzbelustigung im »Grünen Wasser«

Das »Grüne Wasser« und der »Sonnenuntergang« gehörten im 19. Jahrhundert zu den bemerkenswertesten Vergnügungslokalen auf Helgoland. In den primitiv eingerichteten niedrigen Räumen feierte Terpsichore ihre größten Triumphe, im Winter unter den Helgoländern, im Sommer unter den Fremden. Das »Grüne Wasser« war ein sehr demokratischer Ballsaal; denn »manch eine Fürstlichkeit beiderlei Geschlechts konnte das Tanzhaus zu seinen Gästen zählen.« Kein Wunder, daß die Jugend diesem Tanzsalon den Vorzug vor dem ziemlich steifen und konventionellen Conversationshaus gab.

Besonders lustig ging es zu, wenn das aus Geige, Flöte und Trommel bestehende Orchester den Helgoländer Nationaltanz aufspielte (wobei man wissen muß, daß Tanzen in der Sprache der Insulaner »Springen« heißt): Die Hände hinter dem Rücken über Kreuz zusammengelegt, dann in die Hände klatschend wie im Gänsemarsch hintereinander hopsend sangen die Einheimischen den Text:

»Warst Du je im Grünen Wasser auf
dem Oberlande?
Wo beim Tanzen leicht sich knüpfen
Zarte Liebesbande.
Aug' in Auge, Brust an Brust, Leicht-
hinschwebend welche Lust!
Warst Du je im Grünen Wasser auf
dem Oberlande?«

Einsame Strandidylle oder: kein Tanz-Cavalier in Sicht?

Zu spät für den Badekarren – zu früh für den Ballsaal. Die kurze Zeitspanne, die dazwischen lag, machte auch für unseren Herrn Urgroßvater und seine Begleitung den romantischen Reiz des Seeurlaubs aus.
»Der Abend ist schon hereingebrochen, die See hebt sich wie eine schwarze Fläche vom hellern Horizont, im Osten blinken schon einige Sterne, und da hat auch bereits der Leuchtthurm drüben sein Auge aufgeschlagen. Die Lichter des Casinos, des Ball- oder Concertsaals winken einladend herüber und nicht vergebens; es sei denn, die See zündete auch ihre Lichter an, die zuckend und leuchtend über die Wogen huschen und in fun-

An der Nordspitze bei Sonnenuntergang

kelnden Perlen über den Strand sprühen; dann bleibt das Publikum wol ihr treu, und die leichte, spielende Unterhaltung macht schweigender Bewunderung Platz.«

Es war eigentlich nie so genau auszumachen, was unser Herr Urgroßvater mehr bewunderte: Das Naturschauspiel, sich selbst in seiner statussymbolträchtigen Aufmachung oder unsere Frau Urgroßmutter, die er generös zu dieser Reise eingeladen hatte. »Damit«, schrieb er galant in sein Tagebuch, »erhält das Badeleben ein weiteres anregendes Element von nicht gering anzuschlagender Bedeutung: die Befriedigung des Auges durch den Anblick . . . speziell der eleganten Damenwelt.«

»Die Nächte boten das unvergleichliche Spiel des Mondlichts auf den Wellen, und die Menschen waren mehr als je geneigt, die Erde schön zu finden und einander Liebe zu schwören, besonders wenn sie, wie die Badegäste, nichts weiter zu tun hatten. In einer solchen Nacht, in welcher der Mond sehr spät aufging, fand eine Grottenbeleuchtung statt, zu welcher sich zufällig noch ein starkes Meeresleuchten gesellte, zwei Schauspiele, die niemand vergessen wird, der sie jemals sah . . . Man schiffte sich deshalb ein und ruderte durch das flüssige Gefunkel und, um den Mönch steuernd, nach den Höhlen, in denen die Feuer angezündet werden sollten . . . In einigen Booten stand die Champagnerflasche im Eiskübel, und das Glas ging in der Runde. Aus einer anderen Gruppe erklang Männergesang durch die wundervolle laue Nacht.«

(Carl Reinhardt)

Seestrand bei Mondbeleuchtung – Gemälde von Eduard Schleich

Die Nächte auf Helgoland hatten für unseren Herrn Urgroßvater und die Dame seiner Begleitung einen Hauch von Capri – nur entsprechend warm mußte es sein und ein bißchen Wetterleuchten war durchaus erwünscht. Da konnte man dann schon mal das Meer erleben, wie es der Münchner Maler Eduard Schleich sah – und das war ja gar nicht so weit von der Schilderung Carl Reinhards entfernt. Die Darstellung entsprach durchaus dem Zeitgeschmack, ebenso die Art, wie das Bild dem Besucher der Kunstausstellung schmackhaft gemacht wurde:
Die Bilder des Meisters, so vernahm das staunende Publikum, seien durch und durch wahr. Was jedoch dieses grandiose Gemälde zu einer wirklichen Perle mache, das sei neben einer großen und schönen Zeichnung das gänzlich Ungesuchte in Conception und Mache.
Was immer damit gemeint sein mochte: Unser Herr Urgroßvater nickte beifällig und hatte für die nächste Abendgesellschaft im Conversationshaus ein paar Sprüche parat, die ihm den Ruf eines Kunstkenners einbrachten.

Ein nichtapprobierter Heilkünstler – nach einem Gemälde

Schellfisch war im vergangenen Jahrhundert neben dem Hering an der Küste und auf den Inseln das Alltagsessen. Im Herbst und Winter brauchten die Helgoländer nicht einmal weit zu fahren, um den an kaltes Wasser gewöhnten Fisch zu finden: er wanderte aus dem Norden direkt vor ihre Haustür. Bei starkem Sturm allerdings zogen die Schwärme in die Nähe der Festlandküste, und hier hatten die Helgoländer mit der Konkurrenz ihrer Fischer-Kollegen zu rechnen. Hauptsächlich mit den Fischern von Norderney, die damals eine der stärksten Fischfangflotten hatten, und die vor allem leicht an die »Pierer« herankamen, jene auf Sandbänken lebenden Würmer, die beim Schellfischfang als Köder dienten.
Waren Ende September die ersten Probefänge erfolgreich, dann zogen die Männer mit ihren kleinen »Slupen« hinaus aufs Meer, während die Frauen im Watt eifrig nach Würmern gingen, um die einkommenden Schiffe mit neuen Ködern auszurüsten.
Der Schellfisch wurde nicht in Netzen gefangen, sondern geangelt. Die Fischer bedienten sich dazu mehrerer Hauptschnüre, die sie Lienen nannten, an ihnen hingen die Nebenschnüre (Schnore), mit dem Angelhaken. Auf diese Weise brachte es jedes Schiff auf etwa 3 000 Angeln. 2 000 Schellfische galten für eine kleine Slup als guter Fang. Ein Teil des Fangs wurde auf Helgoland und Norderney in be-

sonderen »Etablissements« geräuchert, den Rest brachte man auf die Seefischmärkte nach Hamburg, Husum, Bremen, gelegentlich sogar nach London.

Schellfischfang in der Nordsee

»Als praktisch gebildete Seeleute«, lobte ein Zeitungskorrespondent Mitte des 19. Jahrhunderts, »sind die Helgoländer Lootsen die besten Wegweiser in der Nordsee, und weil dies allgemein unter den Seefahrern bekannt ist, werden sie auch von Schiffscapitäns öfters aufgerufen, ihnen den Eingang in die Elbe oder in die Weser zu zeigen. Deswegen spähen auch stets Helgoländer von den Höhen ihres Felsens mit ihren scharfen Augen oder mit Fernröhren auf der weiten See umher, ob nicht etwa ein Schiff durch die aufgezogene Lootsenflagge einen solchen Führer oder Hülfe von ihnen verlange, die sie dann mit Entschlossenheit und Fertigkeit leisten, sich aber auch gut dafür bezahlen lassen.«

Wache auf der Rettungsstation

Auch aus einem andern Grund hatten sie gelernt, das sie umgebende Meer ständig zu beobachten: Zu sehen, ob nicht irgendwo ein Schiff in Seenot geraten war. Was immer man den Helgoländern nachsagen mochte über ihre Kunst, fremde Schiffe samt ihrer Ladung »an Land zu ziehen« – wenn es darum ging, Menschen aus Seenot zu retten, waren sie als erste bei der Hand und immer bereit, ihr eigenes Leben zu riskieren. Nicht überall in Deutschland dachte man so, schon gar nicht im Binnenland, wo die Menschen naturgemäß wenig Verständnis für maritime Bedürfnisse aufbrachten.
Aber auch an den Küsten dauerte es seine Zeit, bis ein organisiertes Seenotrettungswesen aufgebaut wurde. Das Deutsche Reich war – so sehr es seine Hoffnungen auf die Seemacht setzen mochte – in diesem Punkt weit hinter dem dänischen Nachbarn zurück und noch schlechter schnitt es bei dem Vergleich mit England ab. Dabei hielten die Zeitungen ihren Lesern gerade das englische Vorbild immer wieder vor Augen: »So findet man überall in England Sammelstellen errichtet, auf Bahnhöfen und anderen besuchten Plätzen Büchsen mit passenden Inschriften aufgestellt, welche dem wandernden Publikum unausgesetzt Gelegenheit geben, seine Opferwilligkeit zu bethätigen. Nur eine derartige Verallgemeinerung der Theilnahme konnte die Gesellschaft zu ihrer jetzigen Bedeutung erheben, und wie frei und unabhängig sie dadurch geworden, davon zeugt der Umstand, daß sie vor Jahresfrist die namhafte Unterstützung von 4 000 Pfd. St., welche sie bisher von der Board of Trade erhalten, zurückweisen konnte. Die Zahl der Geretteten beläuft sich vom Jahr 1861–1870 auf 8 055 Personen.«
In Deutschland gab es zunächst eine ganze Reihe örtlicher Rettungsvereine, die auf die Bedürfnisse bestimmter Küstenregionen zugeschnitten waren. Einladungen zur Gründung einer Deutschen Gesellschaft zur Rettung Schiffbrüchiger gingen aber erst 1865 von Bremen aus.
Gegründet wurde die Gesellschaft jedoch in Kiel. Auch auf Helgoland entstand bald darauf die erste DGRS-Station, und schon im Winter 1872 meldete die Gesellschaft einen »Personalstand« von über 22 000 Mann.

Wie sehr die Helgoländer unter der Wucht des heranstürmenden Meeres leiden mochten, und wie sehr auch die Naturgewalten ihre Felseninsel angriffen, zumindest auf ihrem Oberland waren sie vor der Flut sicher. Nicht einmal eine der an den Küsten so sehr gefürchteten Springfluten konnte ihnen etwas anhaben. Für die Menschen auf dem gegenüberliegenden Festland aber bedeuteten solche Springfluten oft die Vernichtung von Haus und Hof – manchmal des Lebens. Ein »Sensationsreporter« – auch so etwas gab es schon 1879 – schilderte das Ereignis: »Zur Zeit der Syzygien aber, also während des Voll- und Neumonds, addiren sich die Anziehung des Monds und der Sonne, und eine ungewöhnlich hohe Flut entsteht, die Springflut. Haben nun stürmische Westwinde große Wassermassen durch den Kanal in die Nordsee getrieben so findet die Springflut bereits einen hohen Wasserstand vor und schickt sich dann nur zu leicht an, die menschlichen Eingriffe in ihr Reich zu rächen.Es ist ein erhabenes, geheimnißvolles grauenerregendes Schauspiel, zu sehen, wie die Wellen heranstürmen, gurgelnden Ungeheuern mit silbernen Mähnen gleich begierig, jedes Hinderniß zu zerschmettern. Ungeahnt rasch schwillt das Wasser zu drohender Höhe, und wehe dem Vieh das, auf den fetten Weiden des Vorlands grasend, nicht zeitig genug auf ein höheres Terrain oder in den Schutz des festen Deichs geflüchtet ist. Im nu ist das schwache Hinderniß des Außendeichs übersprungen, und mit furchtbarer Gewalt bricht das entfesselte Element herein über das grüne Weideland. Wo eben noch die grünen Halme im Wind schaukelten, da tummelt sich jetzt die graue Woge, springt gierig hinauf an die feste Böschung des Deichs und spielt und wirbelt zur Kurzweil nach den Cadavern der ertrunkenen Rinder.«

Springflut an der deutschen Nordseeküste

Das Meer wird zur letzten Ruhestätte des Seemanns. Die Zeremonie – ganz gleich, ob auf einem Handelsschiff oder auf einem Schiff der Kriegsmarine (wie hier der französischen) – ist einfach aber eindrucksvoll. Der Berichterstatter notierte 1855: »Besonders ergreifend wird ein solches Begräbnis, wenn es, dem Krieger zu Theil werdend, in Gegenwart seiner Kameraden stattfindet, die Ursache genug zum tiefsten Ernste haben; denn schon die nächste Stunde kann ihnen das vernichtende Geschoß zusenden. Unserem Bilde können unsere Leser entnehmen, welchen Eindruck eine solche Zeremonie selbst auf das eisenfeste Herz des Seemanns machen muß.«

Oben: Seebestattung
Rechts: auf einem Seemannsfriedhof

Seemannsleid auf einem Friedhof. »Unter dem Hügel, dem die Blumenbüschel erwachsen«, schrieb dazu der Autor, »ruht das junge Weib des Seemanns, welcher hier, das Kind auf den starken Armen, das die Frau ihm sterbend hinterließ, an das Grab herangetreten ist. Ein wetterharter Mann, im rauhen Handwerk, im steten Kampf mit Wogen und Wind gefestet und gestählt und zu weichem Empfinden wenig veranlagt. »Und dennoch hat dies harte Herz die Liebe auch gefühlt«, eine tiefe, starke, wortkarge Liebe zu der, die ihm nach kurzem Glück entrissen wurde und nun da unten in den Sandboden zum ewigen Schlummer gebettet wurde. Man liest es aus dem Blick der Augen, die er auf das Grab gerichtet hat, aus dem Zukken des Mundes in dem gebräunten, vom »Nordwester«, der wasserdichten Lederkappe, beschatteten Antlitz, daß ihm das bittere Leid noch immer an diesem starken Herzen frißt um »sine leiwe Fru«, die ihm so bald schon entrissen wurde, vielleicht gerade da, als sie der Kleinen das Leben gab, die der verlassene Mann mit den rauhen, braunen Seemannshänden nun so innig umfaßt und an Brust und Schultern gedrückt hält und trägt.

Der Granat, wie die Garneele an der Küste genannt wird, ist ein wohlschmeckender kleiner Krebs, der entweder mit Handnetzen oder mit Körben gefangen wird. Der Zeichner des Bildes schrieb dazu: »Die Leute lassen ihre praktischen Fallen, die sie weit hinaus am Meerboden befestigt haben, für sich arbeiten, und sie haben nur nötig, zweimal täglich den Schatz zu heben, den ihnen der unerschöpfliche Reichtum des Meeres zurückgelassen hat.«
Auf kleinen Schlitten wurde die Beute an Land gezogen.

Oben: Garnelenfang an der Nordseeküste
Rechts: Fischerboote der Norddeutschen Seefischerei-Gesellschaft

Gegen Ende der sechziger Jahre sah man rund um Helgoland zunehmend schnittige Hamburger Fischerboote, die sich von den schwerfälligen Ewern unterschieden. Die Küstenbewohner nannten sie »Smacks«. Der Hauptmast und das Tauwerk waren ungewöhnlich fest und schwer; denn während sich die Ewer bei schwerer See hinter die Sände in die Wattenpriele zurückzogen – wo sie mit ihrem flachen Boden bei niedrigem Wasser auf Grund lagen – waren die neuen Schiffe dazu bestimmt, jedem Sturm auf der Nordsee standzuhalten. Sie gehörten der norddeutschen Seefischerei-Gesellschaft in Hamburg.

»Das Schiff hatte beim Auflaufen kein Leck erhalten, mußte aber doch ausgeladen werden, um bei nächstem Hochwasser wieder vom Grund abzukommen. Die dienstfertigen Helgoländer gingen auch sofort an die Arbeit und schafften Haut um Haut auf die Insel, bis das Schiff leer war. Der Schaden war geringer als man dachte, und die abgebrochene Steuerpinne durch Hilfe von Siemens bald wieder ersetzt, so wie die Stengen von einem früher gestrandeten Schiff einen Notmast gaben, womit man ganz gut die Elbe erreichen konnte. Als es aber wieder ans Einladen ging, war nicht der vierte Teil der Häute mehr vorhanden, und die Ratleute sprachen die höchstwahrscheinliche Ansicht aus, daß die Ratten die übrigen indes gefressen haben müßten, denn die Helgoländer seien solche ehrlichen Leute, daß vom Entwenden keine Rede sein könne.«

(Carl Reinhardt)

Überraschte Schmuggler am Strand

Allzu großzügigen Umgang mit den Zollgesetzen und Strandräuberei hat man den Helgoländern oft vorgeworfen. Aber was sind schon Gesetze auf einer abgelegenen Insel? Das überlieferte Strandrecht erlaubte den Inselbewohnern, alle Güter in Beschlag zu nehmen, die bei ihnen angetrieben wurden. Wer wollte es ihnen verübeln, daß sie dem gelegentlich ein wenig nachhalfen und vergaßen, das Leuchtfeuer anzuzünden oder es so zu setzen, daß die vorbeifahrenden Schiffe auflaufen mußten? Der Arm des Gesetzes reichte in den meisten Fällen nicht bis Helgoland. Da hatten es die Schmuggler, die ans Festland kamen, schon schwerer – wie eine »erschröckliche« Geschichte aus dem Jahre 1881 beweist: »Stille ringsumher und die Oede des unendlichen Meers. – Da tönen leiser Ruderschlag und gedämpfter Anruf durch die Nacht, dann das Knarren eingezogener Ruder, und drei Boote scheuern an den Planken der India. Die Wolken werfen ihre tiefsten Schatten auf die Arbeit, welche nun beginnt, auf die Säcke, welche die Schiffswand hinabwandern, auf die Männer, welche, in dunkle Gewänder gehüllt, die Kappen tief in die Stirn gedrückt, sich hastig flüsternd hin und her bewegen. Bald ist der letzte Sack verstaut, wieder knarren die Ruder, und ihr leiser Schlag verhallt in der Dämmerung. Und dort, wo halbmorsches Stakwerk im Sande haftet und scharf ins Wogengerinnsel hinausspringt, halten die Boote. Eine dunkle Gestalt schwingt sich ins Wasser, watet durch den Schlamm, spähend und lauschend, dort den Deich erklimmend, hier vorsichtig durch das Schilf brechend; doch nichts verdächtiges läßt sich sehen. Da regt es sich in den Booten und kommt herangekeucht in langer Reihe: zehn kräftige, schwer bepackte Männer, langsam die Wogen zertheilend, die ihnen die nackten Beine umrauschen. Doch halt, war das nicht das Schnaufen eines Pferdes? Dort, in dem Weidengebüsch, was rauscht da? Verrath! Und schon bricht's hervor, und drohend schallt der Ruf durch die Nacht: »Halt! Steht! Steuerbeamte!« Dem Ruf antwortet wildes Fluchen und drohendes Stockschwingen der Männer auf dem Deich. »Nur heran!« – Da blitzt ein Schuß, ein zweiter, und kein Halten ist mehr; zu Boden fliegen die Säcke und den Deich hinab stürzen die Ueberraschten in wilden Sprüngen über Sand und Schilf ins Wasser. Hochauf spritzen Wellen und Schlamm, dann kanrren wieder die Ruder, bis ihr hastiger Schlag im Dunkel erstirbt. Am Strand aber stehen die Beamten vor ihrer Beute: zehn stattliche Säcke mit Tabaksstengeln und Kaffee, mit Beschlag belegt im Namen des Gesetzes.«

H. Nestel
Bordighera.